Sylvanus Mulowayi Wa Kayumba

SAGESSE ET INTELLIGENCE/지혜와 지능

Sylvanus Mulowayi Wa Kayumba

SAGESSE ET INTELLIGENCE/지혜와 지능

Sagesse et Intelligence de Dieu/ 나님의 지혜와 지성.

Éditions Croix du Salut

Imprint

Cover image: www.ingimage.com

Publisher:
Éditions Croix du Salut
is a trademark of
International Book Market Service Ltd., member of OmniScriptum Publishing Group
17 Meldrum Street, Beau Bassin 71504, Mauritius
Printed at: see last page
ISBN: 978-613-7-37511-2

SAGESSE &
INTELLIGENCE

SAGESSE & INTELLIGENCE

INTRODUCTION

« La sagesse ne crie-t-elle pas ? L'intelligence n'élève –t-elle pas sa voix ?

C'est au sommet des hauteurs près de la route, C'est à la croisée des chemins qu'elle se place ;

A côté des portes, à l'entrée de la ville, A l'intérieur des portes, elle fait entendre ses cris ;

Hommes, c'est à vous que je crie, Et ma voix s'adresse aux fils de l'homme.

Stupides, apprenez le discernement ; Insensés, apprenez l'intelligence. » Proverbes 8 :1-5

« Accorde donc à ton serviteur un cœur intelligent pour juger ton peuple, pour discerner le bien et le mal. » 1 Rois 3 :9

L'intelligence est la faculté de comprendre, de saisir la pensée ; c'est l'ensemble des fonctions mentales ayant pour objet la connaissance conceptuelle et rationnelle.

La sagesse est la qualité de quelqu'un qui fait preuve d'un jugement droit, sûr, averti dans ses décisions et dans ses actions. C'est une bonne gestion de l'intelligence.

Et là, nous devrions ajouter la notion de la réaction et de l'émotion.

La réaction est une contre-révolution qui ressemble à ce qui se passe dans le tennis de table ou dans un débat question-réponse.

Et de même, l'émotion est un effet d'étonnement qui peut aller au-delà de la capacité de continence et de réserve de sa victime et pouvant la pousser ainsi à mal réagir.

Mais dans la Parole de Dieu, la sagesse est liée à la crainte de Dieu comme il est écrit :

« Le commencement de la sagesse est la crainte de l'Eternel : » Proverbes 1 :7

Comme la crainte de Dieu implique habituellement l'obéissance à ses commandements, il n'y a pas de sagesse sans connaissance de Dieu.

« Voici la crainte du Seigneur, c'est la sagesse ; s'éloigner du mal, c'est l'intelligence » Job 28 :28

Et l'intelligence, est le fait de s'éloigner du mal que l'on voit venir de loin comme un aigle.

En retournant au livre des Proverbes au chapitre 8, au verset 2, nous voyons que la sagesse est à la croisée des chemins. Il nous la faut pour avancer.

C'est la béquille qui maque aux boiteux, les lunettes des myopes et la semence du pardon et de la réconciliation qui manque à ceux qui ne se parlent plus, à tous ceux qui ont arrêté de vivre ensemble pour une raison ou pour une autre.

Dans certaines circonstances de la vie, nous ne savons pas à qui nous confier car tout le monde a un problème mais notre Dieu, notre père Céleste est toujours là près de nous plus que jamais pour nous montrer la voie à suivre et nous donner la meilleure solution.

Déjà dans le jardin d'Eden, nous voyons comment Dieu va à la recherche de nos premiers parents après leur défaillance devant la ruse du serpent ancien.

Et plus tard en dehors du Jardin d'Eden, il s'approche de Caïn pour lui communiquer la sagesse dans sa méchanceté et sa rude haine de tuer son propre frère Abel dans une histoire que vous connaissez finalement mieux que moi.

Celui qui rejette le conseil du sage, se suicide sans le savoir ! Il faut écouter la voix de la sagesse et de l'intelligence. C'est alors que l'on pourra réussir dans la vie.

Savez-vous que votre vie ici-bas a une influence directe sur toute votre éternité ?

Soyez les bienvenus à l'Ecole de la Sagesse et de l'Intelligence divines.

La Fourmi du Seigneur

LA PLACE DE LA SAGESSE

Où peut-on trouver la sagesse ? Dans quelle école peut-on trouver la sagesse ? Où est le sage de ce siècle ? Où est l'intelligent de ce siècle ?

Elle se trouve :

- Au sommet des hauteurs près de la route,
- A la croisée des chemins,
- A côté des portes,
- A l'entrée de la ville ;
- A l'intérieur des portes et
- Aux oreilles des hommes avisés.

Il faut être avisé pour rencontrer la sagesse. Il faut la grâce de Dieu pour se faire inscrire à l'Ecole de la sagesse et de l'Intelligence.

DANS LES HAUTEURS

Il faut monter plus haut comme un aigle pour atteindre la sagesse de Dieu. Il faut être comme un aigle pour atteindre la sagesse qui vient de sa part.

Quand l'on vole ou lorsque l'on se retrouve dans un avion, et que l'on passe au-dessus d'une ville que l'on connaît, one ne sait rien voir de cette ville car la distance qui de séparation est tellement grande.

Il y a de gens que nous portons dans le cœur que nous ne savons pas voir physiquement car la distance ne nous le permet pas.

C'est ici l'école des aigles. Il faut monter, plus haut et plus haut encore. Il faut aller au-delà de la sagesse et de l'intelligence de ce monde pour trouver tous les trésors cachés en Christ.

Les hommes les plus intelligents et les plus riches de ce monde ont conçu avec un cœur de bête sauvage le Covid-19 pour nous arracher la vie qu'ils ne nous ont pas donnée.

« Béni soit, le Père de notre Seigneur Jésus Christ, qui nous a bénis de toute sortes de bénédictions spirituelles dans les lieux célestes en Christ ! » Ephésiens 1 :3

C'est dans les hauteurs divines, en Christ que nous sommes bénis de toutes sortes de bénédictions.

Parmi ces bénédictions des hauteurs se trouvent la sagesse et l'intelligence de Dieu.

Il est impossible de rencontrer cette sagesse dans les murs d'une classe ou dans une salle des fêtes.

« Tu diras : Ainsi parle le Seigneur, l'Eternel:
Un grand aigle, aux longues ailes, aux ailes déployées, couvert de plumes de toutes couleurs, vint sur le Liban, et enleva la cime d'un cèdre » Ezéchiel 17 :3

Il faut aller plus haut comme un aigle car, Dieu lui-même fait une métaphore avec l'aigle, qui est pourtant un animal impur mais à cause de Noé, il fut introduit dans l'arche.

Et Jésus est plus grand que Noé !

Cette sagesse est près des routes et non dans les routes. Il faut quitter sur la route des hommes pour entrer dans la sagesse de Dieu.

Il faut sortir du lot pour atteindre la sagesse divine. C'est ici le mystère de la mise à part.

Il faut quitter le courant des hommes pour entrer dans la voie de l'Esprit où le vent souffle d'on ne sait où et il va on ne sait où. Mais on ne peut que le sentir.

A LA CROISEE DES CHEMINS

A la croisée des chemins, on s'arrête et l'on réfléchit pour trouver quelle est la meilleure voie à suivre. Quand les choses vont bon train, personne ne pense à Dieu. C'est quand tout s'arrête d'un coup, que les hommes intelligents se posent la question de savoir pourquoi ça ne va pas.

En ville il y a un code de route qu'il faudra respecter tout le long du déplacement à pied, à vélo, en moto ou en voiture.

Il existe 3 types de panneaux de signalisation :

- Les panneaux d'indication,
- Les panneaux d'avertissement et
- Les panneaux d'interdiction.

Il y a aussi des feux de régulation de la circulation pour permettre aux uns et aux autres d'utiliser la chaussée sans créer des accidents.

Ainsi, nous avons :

- Le feu vert
- Le feu jaune et
- Le feu rouge.

Le strict respect des panneaux de signalisation et des feux de régulation diminuent sensiblement les risques d'accidents.

Je pense à Jacob qui aimait Rachel. Il l'aimait tellement qu'il trouva les 7 ans de travail que lui avait imposées son beau-père Laban pour dot, comme une semaine.

Et quand cette femme qu'il aimait tant ne pouvait pas lui donner des enfants. Il se retrouva à la croisée des chemins.

Il fallait recourir à la sagesse divine pour continuer la route. C'est Dieu qui est la vraie source de la sagesse et de l'intelligence.

C'est lui notre référence et notre solution.

Si les hommes étaient sages et intelligents, ils devraient tous croire en Jésus. Mais les voilà tâtonnant de jour comme de nuit.

Nicodème est passé à côté de la cette sagesse et de cette intelligence divine ce jour-là alors qu'une femme prostituée s'y accrocha et elle ramena ainsi toute la Samarie au Seigneur de toute gloire.

Saul pendant de longues années ne connaissait pas cette intelligence et cette sagesse divine.

Ce fut sur le chemin de Damas, qu'il croisa celui qui en détient les clés, Jésus-Christ.

Et dès lors, sa façon de voir les choses avait complètement changé et il devint celui que l'on connaît sous le nom de Paul.

« Lorsque j'étais enfant, je parlais comme un enfant, je pensais comme un enfant, je raisonnais comme une enfant ; lorsque je suis devenu homme, j'ai fait disparaître ce qui était de l'enfant » 1Cor. 13 :13

Sans le Seigneur Jésus, nous ne sommes que des enfants spirituellement car c'est par l'esprit que tout se passe.

« En vérité, en vérité, je te dis, quand tu étais jeune, tu te ceignais toi-même, et tu allais où tu voulais, mais quand tu seras vieux, tu étendras tes mains, un autre te ceindra, et t'amènera où tu ne voudras pas. » Jean 21 :18

La sagesse quand elle arrive, elle nous conduit dans l'obéissance et dans la crainte de Dieu et nous amène même là où nous ne voulons pas aller.

Notre sagesse a un Nom, elle s'appelle Jésus. Notre intelligence a un Nom, elle s'appelle Jésus. L'Ecole de la rencontre personnelle avec Jésus est celle de la sagesse et de l'intelligence de Dieu en passant par la foi en son Fils Unique.

Le problème à la croisée des chemins ne réside pas dans la situation y afférente mais bien dans le positionnement.

Si vous êtes devant Jésus comme Judas, vous allez vous suicider et si vous êtes derrière lui comme Pierre, vous allez vous repentir et reprendre le vrai chemin de la vie éternelle car la Parole de Dieu est comme une lampe à nos pieds.

« La Parole est une lampe à mes pieds ; et une lumière sur mon sentier » Psaumes 119 :105

J'ai eu à imiter mon père en faisant de longs trajets à vélo dans la nuit et je connais la valeur d'une lampe à vélo ou d'une simple torche.

Rouler sans lumière dans la nuit, c'est se faire adopter à l'école de Barthimée, fils de Thimée.

Même dans sa propre maison, quand il n'y a pas de lumière, tout devient âpre, acide et ennuyeux et l'on tâtonne comme un visiteur !

Notre lumière est dans la Parole de Dieu et nulle part ailleurs !

AUX COTES DES PORTES

Nous sommes passés à côté de la porte de Jésus-Christ, le Sauveur et le Seigneur de tous les hommes dans le passé. Et sa grâce nous a attirés vers lui.

Sans Jésus, nous passons à côté de la Vraie Porte. Jean 10 :1-21

Si Israël avait connu le temps de visitation, il y aurait très longtemps que ce peuple aurait arrêté avec toutes ces guerres qu'il mène jusqu'à ce jour.

Il est bien de frapper mais à quelle porte frappes-tu, mon bien aimé ? Il y a une et une seule vraie porte à laquelle on entre pour une rédemption éternelle.

Cette porte s'appelle Jésus-Christ.

Israël crucifia Son Roi sans le savoir et croyant libérer en lieu et place Barabbas, le bandit et meurtrier !

Combien de fois avons-nous fait de mauvais choix dans notre vie comme ce peuple juif ?

Nous avons frappé à la mauvaise porte et c'était celle du diable.

« Elle est venue chez les siens, et les seins ne l'ont point reçue. Mais à tous ceux qui l'ont reçue,

A ceux qui croient en Son Nom, elle a donné le pouvoir de devenir enfants de Dieu,

Les quels sont nés, non du sang, ni de la volonté de la chair, ni de la volonté de l'homme, mais de Dieu. » Jean 1 :12-13

Il est grand temps de tourner nos regards vers le Seigneur de toute gloire car sur ce chemin, même un aveugle ne s'y perdra pas.

On n'y marche pas avec les yeux mais avec la foi qui vient de ce que l'on entend et de la Parole de Dieu.

Sans la nouvelle naissance, il est impossible d'entrer par cette Porte Eternelle.

A L'ENTREE DE LA VILLE

Abraham était assis à l'entrée de la ville. Et il reçut en son temps les trois anges de Dieu, parmi lesquels, Dieu lui-même était inclus. Et cela lui donna l'enfant de la promesse.

Comment être au bon endroit en face de la bonne personne ?

Ceci ne dépend que de Dieu et de la foi que l'on a en son Fils Unique Jésus !

La sagesse de Dieu, n'est pas dans la ville mais en dehors de la ville.

Et même Lot en son temps, était aussi assis en dehors de la ville avant de rencontrer et accueillir les deux anges qui le sauvèrent du jugement de Dieu sur Sodome et Gomorrhe.

Et les deux anges avaient forcé Lot et sa femme ainsi que ses deux filles à quitter la ville avant que le châtiment de Dieu n'y soit exercé !

Il n'y a rien de sage et d'intelligent dans le monde.

Il n'y a rien de sage dans la coutume ou dans la tradition. La vraie sagesse dont nous avons besoin se trouve en Jésus-Christ.

Ce que l'homme appelle sagesse et intelligence, est bien limité car lui-même est incapable de résister devant le dernier rectangle.

Le Seigneur Jésus est entré à Jérusalem avec gloire mais il est mort en dehors de Jérusalem !

« Pilate fit une inscription, qu'il plaça sur la croix, qui stipulait ceci : Jésus de Nazareth, Roi des Juifs.

Beaucoup de Juifs lurent cette inscription, parce que le lieu où Jésus fut crucifié était près de la ville. Elle était en Hébreu, en Grec et en Latin. » Jean 19 :19-20

Nous avons été sauvés en dehors de la Ville de Jérusalem. Car la sagesse de Dieu est différente de celle des hommes.

Nous devons sortir du système des hommes pour entrer dans celui de Dieu.

« Ne vous conformez pas au siècle présent, mais soyez transformés par le renouvellement de l'intelligence, afin que vous discerniez quelle est la volonté de Dieu, ce qui est bon, agréable et parfait. » Romains 12 :2

Sans ce renouvellement de l'intelligence en Christ-Jésus, nous serions perdus tous sans exception.

Gloire soit rendue à Dieu au Nom de Jésus qui a fait de nous un Royaume des sacrificateurs !

A L'INTERIEUR DES PORTES

Il faut sonder les Ecritures pour comprendre la longueur, la largeur, la hauteur et la profondeur de la sagesse et de l'intelligence de notre Dieu.

Elles sont cachées et enfouies dans les portes de la crainte de Dieu.

Il faut recevoir le Seigneur Jésus-Christ comme Seigneur et Sauveur personnel dans sa vie pour bénéficier du don du Saint-Esprit qui va nous aider à sonder l'intérieur des portes pour nous amener dans la gloire avec la sagesse et l'intelligence de Dieu.

L'histoire de l'Enuque Ethiopien nous montre qu'il ne suffit pas seulement d'aller à Jérusalem ou de lire le Bible, mais plus encore, il faudrait rencontrer un homme de Dieu qui pourra vous montrer le chemin qui mène au vrai salut.

« Or la vie éternelle, c'est qu'ils connaissent, toi, le seul vrai Dieu, et celui que tu as envoyé, Jésus Christ. » Jean 17 :3

La vie éternelle est dans la connaissance de Dieu et de Jésus-Christ, l'Envoyé.

Et cela est impossible sans la puissance du Saint-Esprit.

Il y a un voile sur les yeux des hommes de ce monde.

Ils ont des yeux et ils ne voient pas.

Ils ont des oreilles et n'entendent pas ou ils entendent sans comprendre le plan du salut de Dieu.

« Mais la sagesse, où se trouve-t-elle ? Où est la demeure de l'intelligence? » Job 28 :12

Avec tout ce qui lui est arrivé dans sa vie, Job se posa une question extraordinaire sur l'adresse de la sagesse et de la demeure de l'intelligence.

La nature et les problèmes que nous rencontrons sur le parcours de notre vie peuvent nous enseigner la sagesse et l'intelligence d'une certaine manière, mais la vraie source du savoir est cachée en Dieu lui-même et en Lui tout Seul !

« L'homme n'en connaît point le prix, elle ne se trouve pas dans la terre des vivants. L'abîme dit : Elle n'est point avec moi ;

Et la mer dit : Elle n'est point avec moi. Elle ne se donne pas contre de l'or pur, elle ne s'achète pas au poids de l'argent ; » Job 28 :13-15

Les lieux et les hommes ne connaissent pas les portes de la sagesse et de l'intelligence divines. Seul Dieu en connaît la demeure.

« C'est Dieu qui en sait le chemin, c'est lui qui en connaît la demeure ; car il voit jusqu'aux extrémités de la terre, il aperçoit tout sous les cieux. » Job 28 :23

Notre Dieu voit mieux que l'aigle. Il voit et connaît tout le monde et toute chose. Car il en est le Créateur incréé.

« Quand il régla le poids du vent, et qu'il fixa la mesure des eaux ; quand il donna des lois à la pluie, et qu'il traça la route de l'éclair et du tonnerre, alors il vit la sagesse et la manifesta, il en posa les fondements et la mit à l'épreuve.

Puis il dit à l'homme, la crainte du Seigneurs, c'est la sagesse ; s'éloigner du mal, c'est l'intelligence. » Job 28 :26-28

La sagesse en soit, consiste à faire de bonnes choses en avance et l'intelligence c'est de comprendre lesdites bonnes choses.

L'intelligence c'est une réserve de potentialité ou d'aptitude mais la sagesse c'est le discernement dans l'action.

Supposons qu'un élève travaille très bien avec ou sans calculatrice en mathématiques. Nous dirons qu'il est intelligent.

Mais celui qui a inventé la calculatrice, a rendu des services nobles aux élèves, aux professeurs, aux banquiers et aux commerçants sans leur avoir demandé l'autorisation au préalable.

Ce dernier a de la sagesse. Il a entendu et il a compris le besoin des autres !

Tout a commencé quand :

- Dieu régla le poids du vent,
- Il fixa la mesure des eaux,
- Il donna des lois à la pluie et
- Il traça la route de l'éclair et du tonnerre.

Alors seulement il vit la sagesse et la manifesta, il en posa les fondements et la mit à l'épreuve. C'est l'œuvre de la création, l'harmonie avec laquelle notre Père Céleste a créé l'univers, démontre à suffisante qu'il est le Représentant Légal et exclusif de la sagesse et de l'intelligence.

Jésus le dit à Marie et à Marthe, qu'il est la résurrection et la vie.

Il connaît les lois des origines, de la création, de la vie, de la mort, de la résurrection et de l'éternité et rien ne lui échappe.

Il connaît toute chose, toute vie et tout esprit.

Et tout cela il l'a fait par la puissance de Sa Parole !

La sagesse c'est voir les choses de loin et les mettre en harmonie.

C'est Dieu qui régla le poids du vent. Il faut une balance pour régler le poids des corps. Mais le poids du vent, qui peut nous le donner.

Avec quelle machine peut-on calculer le poids du vent et le régler ?

« Le vent souffle où il veut, et tu en entends le bruit ; mais tu ne sais d'où il vient, ni où il va. Il en est ainsi de tout homme qui est né de l'Esprit. » Jean 3 :8

Nicodème était un docteur de la loi en Israël et ne connaissait pas ces choses !

Mais toi, tu as la grâce de comprendre ou d'entendre ces révélations sur la sagesse et l'intelligence divines.

Il est parti de chez lui de nuit pour aller comprendre les mystères du Royaume des cieux.

Mais ce fut un exercice trop difficile pour lui.

Si un docteur des juifs, de ce peuple à qui appartiennent la loi, les promesses et les bénédictions de Dieu n'a pas pu cette nuit-là comprendre les mystères du Royaume des cieux, à combien plus forte raison toi et moi, venant des nations et des extrémités de la terre ne pourrions pas comprendre les mystères de la sagesse et de l'intelligence divines ?

Il existe des appareils appelés manomètres qui peuvent bien régler la pression de l'air dans les systèmes pneumatiques. Mais cela n'est possibles qu'en utilisant des flexibles. Et notre Dieu régla le poids du vent sans tuyaux et sans manomètre.

Savez-vous que sur la lune il n'y a pas d'air et que le drapeau américain y placé ne bouge pas !

La seule planète sur laquelle l'homme, l'animal et la plante peuvent vivre, ce n'est que cette terre dans tout l'univers.

Ils ont partis à la lune et ils ont vite compris qu'ils devraient retourner sur la terre.

Si la lune avait des meilleures conditions de vie, ils devraient y rester comme nos frères et sœurs fuient l'Afrique pour aller en Europe, aux Etats-Unis et au Canada.

Certains ne rentrent pas car il y fait beau vivre. Il paraît que là, on paie même le chômeur alors qu'ici chez nous celui qui travaille est mal rémunéré !

C'est Dieu qui fixa la mesure des eaux ! A cet effet, il faut des récipients, des tuyaux et des pompes ainsi qu'un débitmètre pour fixer la mesure des eaux, mais dans sa sagesse et dans son intelligence divine, il fixa tout cela par la puissance de Sa Parole.

C'est encore lui qui donna des lois à la pluie et aux saisons. Et tout cela par la puissance de Sa Parole.

Il traça la route pour l'éclair et pour le tonnerre dans le ciel je ne sais avec quel type d'instrument de dessin.

J'ai eu la grâce dans ma jeunesse de faire le dessin industriel et il faut une latte, un compas, un crayon, une gomme et une feuille avec une table appropriée pour faire un bon dessin.

Mais mon Dieu, juste par la puissance de Sa Parole, il a tracé la route à l'éclair et au tonnerre dans le ciel.

Qui est semblable à lui ?

C'est lui qui a dans son intelligence et dans sa sagesse, selon la loi de Son bon vouloir, résolu de nous donner Jésus pour nous octroyer une rédemption éternelle !

LA SAGESSE CRIE AUX OREILLES DES HOMMES AVISES

La sagesse divine et son intelligence sans fin crient aux oreilles des hommes avisés comme il est écrit :

« Pendant qu'il est dit : aujourd'hui, si vous entendez sa voix, n'endurcissez pas vos cœurs comme lors de la révolte. » Hébreux 3 :15

La foi vient de ce que l'on entend de la Parole de Dieu.

« Qui a cru à c qui nous était annoncé ? Qui a reconnu le bras de l'Eternel ? » Es. 53 :1

Les œuvres de Dieu sont manifestes, mais les hommes sont devenus insensibles à la vertu et à la justice de Dieu !

La chose divine n'est pas une chose à forcer. Seulement, nous ne devons pas laisser les autres personnes aller dans la perdition.

« Ayant entendu parler de Jésus, Elle vint dans la foule par derrière, et toucha son vêtement » Marc 5 :27

C'est le témoignage des autres qui a amené cette femme qui souffrait d'un flux de sang pendant 12 ans à venir vers Jésus.

Nous sommes témoins de ce que le Seigneur Jésus a fait dans notre vie et dans celle des autres.

Nous n'avons pas le droit de priver les autres à venir puiser et boire gratuitement de l'eau à la source d'eau vive.

La samaritaine ne garda pas cette expérience à elle toute seule.

Elle courut et partit vers les habitants de sa ville pour leur dire que quelque chose s'était passé dans sa rencontre avec le Seigneur Jésus et que les autres devraient aussi expérimenter la chose.

Les lépreux en dehors de la ville avaient vu la main puissante de Dieu et ils sont venus annoncer cette bonne nouvelle à ceux qui l'ignorait.

Qu'as-tu fait de la divine visitation dans ta vie pour ceux de ta famille, de ton quartier et de la société dans laquelle tu vis ou tu es encore cet enfant de Dieu qui a honte de parler de son père !

« Allez et faites de toutes les nations mes disciples, les baptisant au nom du Père, du Fils et du Saint-Esprit, et enseignez-leur à observer ce que je vous ai prescrit. Et voici, je serai avec vous tous les jours, jusqu'à la fin du monde. » Mathieu 28 :19-20

« Cette Bonne Nouvelle du Royaume sera prêchée dans le monde entier, pour servir de témoignage à toutes les nations. Alors viendras la fin. » Mathieu 24 :14

Nous retardons le Seigneur à venir pour l'enlèvement car il y a quelque chose que nous devrions faire avant son retour glorieux sur les nuées afin de prendre Son Epouse, l'Eglise Corps du Christ.

Le tout dernier signe de la fin ce système des choses est l'évangélisation des nations.

Dieu nous veut une église en dehors des quatre murs. Nous devons devenir des moissonneurs du Seigneur car la moisson est grande et il y a peu d'ouvriers.

Il n'y a pas de formation spéciale pour devenir un témoin du Seigneur Jésus. Il suffit seulement de raconter aux autres les choses qu'il a faites dans ta vie ou dans celle des autres.

Même dans la justice de ce monde, un témoin qui essaie de faire obstruction à la justice peut être poursuivi pour faux témoignage.

Nous vous prions de dire les choses de Dieu telles qu'elles se sont produites dans votre vie personnelle et dans celle des autres.

Ne laissez pas les autres dans l'ignorance car la fin du monde est une réalité divine de Dieu.

Le jugement dernier est une évidence divine et la seconde mort en est aussi une pertinente réalité, par surcroît.

La servante de Naman, n'a pu se retenir dans la maison de son maître qui souffrait de la lèpre, de cette maladie honteuse et répugnante.

Elle rassembla son courage et partit vers la femme de son maître pour lui annoncer la Bonne Nouvelle.

J'ai une bonne nouvelle pour toi, mon frère et pour toi, ma sœur : Jésus revient bientôt.

Aujourd'hui si tu entends sa Parole, n'endurcit pas ton cœur. Il est mort pour toi à la croix du Calvaire pour te racheter du péché et te donner la vie éternelle !

Au lieu de jeter du feu sur les membres de ta famille qui ne connaissent pas encore le Seigneur, vas vers eux et raconte-leur les bonnes choses qui sont cachées dans la sagesse et l'intelligence de Dieu car toi aussi, tu étais comme l'un d'eux.

CONCLUSION

« Et comme il est réservé aux hommes de mourir une seule fois, après quoi vient le jugement... » Hébreux 9 :27

La vraie sagesse, la vraie intelligence est la crainte de Dieu et se détourner du mal. On ne peut pas prétendre connaître Dieu, lui appartenir et le servir dans la désobéissance et sans aucune crainte.

C'est de l'anarchie !

La sagesse c'est de suivre le Seigneur Jésus tous les jours de sa vie. Un enfant de Dieu sage et intelligent est impliqué dans le salut des âmes.

Il est fidèle à la Parole de Dieu et il passe beaucoup de temps dans la méditation de la Parole de Dieu.

Il ne ferme pas sa bouche alors que les autres vivent dans la perdition. Souvenez-vous de Jonas, il garda silence et exposa tous ceux qui étaient avec lui dans le navire.

Il préféra fuir loin de la présence de Dieu et provoqua de sérieux problèmes aux innocents trafiquants de Tarsis.

Ces pauvres voyageurs devraient mourir sans savoir la vraie cause de leur naufrage !

Un homme de Dieu, un serviteur de Dieu infidèle et rebelle peut provoquer la mort de plusieurs innocents dans la famille ou dans la société dans laquelle il vit.

Peut-être vous êtes la cause lointaine ou proche du naufrage de votre famille ou de la société dans laquelle vous vivez.

Il est grand temps que vous preniez la sage décision de servir Dieu dans la crainte et en s'éloignant du mal.

Cela serait la meilleure façon de rendre hommage à la sagesse et à l'intelligence de Dieu.

L'intelligence se réfère à la loi et aux hommes mais la sagesse dépend de Dieu lui-même.

Quand Rebecca, la femme d'Isaac devint enceinte, il y avait un mouvement en son sein.

Les 2 fœtus se bagarraient dès le sein de leur mère. Elle pouvait bien aller voir un médecin ou une sage-femme selon l'intelligence des hommes.

Mais devant cette croisée des chemins, elle partit consulter la sagesse divine. Et Dieu lui révéla qu'elle avait en son sein : 2 nations et que le plus petit prévaudra sur le plus grand.

A la tombe de Lazare, selon l'intelligence de la loi et celle des hommes, il puait déjà et Jésus vint en retard. Mais selon la sagesse divine, Lazare dormait.

Encore faudra-t-il ajouter que l'intelligence de la loi et des hommes nous interdit de parler aux morts. Mais par la sagesse divine le Seigneur s'adressa à Lazare endormi et lui donna l'ordre de sortir quoiqu'étant bandé et certaines parties de son corps étant déjà en décomposition.

A la piscine de Bethesda, un homme malade depuis 38 ans reçut la grâce et la divine visitation de se lever et de marcher un jour de Sabbat.

Selon la loi et l'intelligence des hommes, on ne peut pas faire de miracle un jour du Sabbat mais Jésus, la Sagesse de Dieu manifestée, donna l'ordre et le paralytique se leva, prit son lit et marcha en ce jour du Sabbat !

La sagesse de Dieu nous fait entrer dans le surnaturel. Dans les choses que l'œil n'a pas vues et que l'oreille n'a pas entendues ; des choses qui ne sont pas montées au cœur de l'homme et que Dieu a réservées pour ceux qui l'aiment.

Nous ne pouvons pas nous taire devant une pareille visitation de Dieu. Nous devons aller vers les autres et les inviter à nous joindre dans la moisson du Seigneur.

Parole Du Seigneur

L'Auteur

L'AUTEUR

Sylvanus Mulowayi Wa Kayumba, détenteur d'un diplôme en mécanique des fluides de l'Ecole des Ingénieurs Allemands et de deux diplômes en théologie, l'un en français et l'autre en anglais, Polyglotte et Assermenté et Expert Consultant, Aumônier et Prédicateur de la Parole de DIEU, a appris à avoir de l'égard pour le faible.

Co-fondateur dans les années 1995 du Culte Anglophone de Lubumbashi, co-fondateur de MIREGNA, le Ministère du Réseau Global pour la Nouvelle Alliance, dans la ville de Kinshasa et Présentateur de l'émission chrétienne 'Only Jesus', passe beaucoup de temps à écrire sur la vie sociale, le divin et l'imaginaire.

Sa passion est pour les idées nobles, le travail bien fait et l'amour du beau. Il a consacré près de la moitié de sa vie à visiter les malades et les prisonniers.

Une chose est vraie, c'est que tout homme a le droit d'aimer, d'apprécier et de penser.

Son rêve est de rassembler la brise et la tempête dans un même lit et sous un même drap pour un même rêve de voir ce monde plein d'amour et de pardon.

L'Auteur

Sylvanus Mulowayi Wa Kayumba
You Tube : Dasylvah Only Jesus
Tél : +243822115265/850791792
Kinshasa/RDC

TABLE DES MATIERES

지혜와 지능

지혜와 지능

소개

« 지혜가 외치지 않습니까? 지능이 목소리를 높이 지 않습니까?

그것은 도로 근처의 높은 곳의 꼭대기에 있고, 그것은 교차로에 있습니다.

성문 옆에있는 도시 입구에있는 성문 안에서 그녀는 그녀의 외침을 들려줍니다.

남자 들아, 나는 너희에게 울고, 내 목소리는 남자들의 자녀들에게있다.

멍청하고 분별력을 배우십시오. 바보, 지능을 배우십시오. »잠언 8 : 1-5

« 그러므로 당신의 종에게 당신의 백성을 판단하고 선과 악을 분별할 수있는 이해심있는 마음을주십시오. »열왕기 상 3 : 9

지능은 생각을 이해하고 파악하는 능력입니다. 그것은 대상 개념과 합리적 지식을 위해 갖는 정신 기능의 집합입니다.

지혜는 자신의 결정과 행동에서 의롭고 확실하며 현명한 판단을 내리는 사람의 특성입니다. 이것은 좋은 정보 관리입니다.

그리고 거기에 반응과 감정의 개념을 추가해야합니다.

반응은 탁구 나 질의 응답 토론에서 일어나는 것과 유사한 반혁명입니다.

마찬가지로, 감정은 희생자의 자제력과 예비 능력을 넘어서서 그를 나쁘게 반응하게 만들 수있는 경악의 효과입니다.

그러나 하나님의 말씀에서 지혜는 기록 된 바와 같이 하나님에 대한 두려움과 관련이 있습니다.

"지혜의 시작은 여호와를 경외하는 것"(잠 1 : 7

하나님에 대한 두려움은 대개 그분의 계명에 순종하는 것을 포함하기 때문에 하나님을 알지 못하는 지혜는 없습니다.

« 이것이 주님을 경외하는 것, 곧 지혜입니다. 악에서 벗어나는 것은 지능입니다. » 욥 28:28

그리고 지능은 독수리처럼 멀리서 오는 악으로부터 멀어지고 있습니다.

8 장 2 절의 잠언으로 돌아가 보면 지혜가 교차로에 있음을 알 수 있습니다. 우리는 앞으로 나아 가기 위해 그것이 필요합니다.

절름발이를 숨기는 것은 목발, 근시안의 안경, 더 이상 서로 말하지 않는 사람들, 어떤 이유로 동거를 중단 한 모든 사람들에게 부족한 용서와 화해의 씨앗입니다.

어떤 삶의 상황에서 우리는 모든 사람이 문제를 가지고 있기 때문에 누구에게 털어 놓아야할지 알지 못합니다. 그러나 우리 하나님, 우리 하나님 아버지는 앞으로 나아갈 길을 보여주고 최선을 다하기 위해 항상 우리 곁에 계십니다. 해결책.

이미 에덴 동산에서 우리는 하나님 께서 고대 뱀의 교활함에 실패한 첫 조상을 찾으시는 방법을 봅니다.

그리고 나중에 에덴 동산 밖에서 그는 가인에게 다가 가서 당신이 궁극적으로 나보다 더 잘 알고있는 이야기에서 자신의 형제 아벨을 죽이는 것에 대한 그의 사악함과 가혹한 증오로 그에게 지혜를 전합니다.

현자의 충고를 거부하는 사람은 자신도 모르게 자살합니다! 지혜와 이해의 목소리를 들어야합니다. 그러면 인생에서 성공할 수 있습니다.

여기 지상에서의 당신의 삶이 당신의 모든 영원에 직접적인 영향을 미친다는 것을 알고 있습니까?

신성한 지혜와 지능 학교에 오신 것을 환영합니다.

주님의 개미

지혜의 장소

어디에서 지혜를 찾을 수 있습니까? 어느 학교에서 지혜를 찾을 수 있습니까? 금세기의 현자는 어디에 있습니까? 금세기의 영리함은 어디에 있습니까?

그녀는 :

- 도로 근처의 높은 곳에서
- 사거리에서,
- 문 옆에
- 도시 입구에서;
- 문 내부 및
- 현자들의 귀에.

지혜를 만나려면 현명해야합니다. 지혜와 지능 학교에 등록하려면 하나님의 은혜가 필요합니다.

높이에서

하나님의 지혜에 이르려면 독수리처럼 높이 올라 가야합니다. 그에게서 오는 지혜에 도달하려면 독수리처럼되어야합니다.

우리가 비행기를 타거나 비행기에서 자신을 발견 할 때 우리가 알고있는 도시를 지나갈 때이 거리가 그래서 큰.

거리가 허락하지 않아 육체적으로 보는 법을 모르는 사람들이 마음에 담아 있습니다.

이것은 독수리 학교입니다. 우리는 더 높이 더 높이 올라 가야합니다. 그리스도 안에 숨겨진 모든 보물을 찾기 위해서는이 세상의 지혜와 이해를 넘어서야합니다.

이 세상에서 가장 똑똑하고 부유 한 사람들은 그들이 우리에게주지 않은 생명을 빼앗기 위해 야수의 마음으로 Covid-19를 설계했습니다.

« 우리 주 예수 그리스도의 아버지, 그리스도 안에서 하늘에있는 모든 종류의 영적 축복으로 우리를 축복 해 주소서! » 에베소서 1 : 3

그리스도 안에서 우리는 온갖 종류의 축복을받은 것은 신성한 높이에 있습니다.

이러한 높은 곳에서 오는 축복 중에는 하나님에 대한 지혜와 이해가 있습니다.

이 지혜는 교실 벽이나 파티 홀에서 찾을 수 없습니다.

« 너희는 이렇게 말할 것이다. 주 하나님이 이렇게 말씀 하셨다.

긴 날개와 뻗은 날개를 가진 모든 색의 깃털로 덮인 큰 독수리가 레바논에 와서 삼나무 꼭대기를 빼앗 았습니다. » 에스겔 17 : 3

우리는 독수리처럼 더 높이 올라 가야합니다. 왜냐하면 하나님 자신이 독수리로 은유화 하셨는데 그것은 부정한 동물이지만 노아 때문에 방주에 들어 왔기 때문입니다.

그리고 예수님은 노아보다 위대합니다!

이 지혜는 도로가 아니라 도로 가까이에 있습니다. 우리는 하나님의 지혜로 들어가기 위해 사람의 길을 떠나야합니다.

신성한 지혜를 얻으려면 군중들로부터 눈에 띄어 야합니다. 여기에 구별의 신비가 있습니다.

우리는 사람의 흐름을 떠나서 바람이 불어 오는 곳을 아는 사람으로부터, 어디를 아는 사람에게가는 성령의 길로 들어가야합니다. 그러나 당신은 그것을 느낄 수 있습니다.

사거리에서

교차로에서 우리는 멈추고 가장 좋은 방법이 무엇인지 생각합니다. 일이 잘 풀리면 아무도 하나님을 생각하지 않습니다. 모든 것이 갑자기 멈출 때 똑똑한 남자가 왜 이것이 잘못된 지 스스로에게 묻습니다.

시내에는 도보, 자전거, 오토바이 또는 자동차로 여행하는 동안 반드시 준수해야하는 고속도로 코드가 있습니다.

도로 표지판에는 3 가지 유형이 있습니다.

- 정보 표지판,
- 경고 표시 및
- 금지 표지판.

사람들이 사고를 일으키지 않고 도로를 사용할 수 있도록 신호등도 있습니다.

그래서 우리는 :

- 초록불
- 노란색 표시등과
- 빨간불.

교통 표지판 및 신호등을 엄격하게 준수하면 사고 위험이 크게 줄어 듭니다.

라헬을 사랑했던 제이콥이 생각납니다. 그는 그녀를 너무나 사랑해서 그의 계부 인 라반이 일주일 정도 지참금으로 그에게 부과 한 7 년의 일을 발견했습니다.

그리고 그가 너무나 사랑했던이 여자는 그에게 아이를 줄 수 없었습니다. 그는 교차로에서 자신을 발견했습니다.

여행을 계속하려면 신성한 지혜에 의지해야했습니다. 지혜와 이해의 참된 원천은 하나님 이십니다.

그는 우리의 벤치 마크이자 솔루션입니다.

사람들이 지혜롭고 총명하다면 모두 예수님을 믿어야합니다. 그러나 여기 그들은 밤낮으로 더듬고 있습니다.

니고데모는 그날 매춘부로서 그 지혜와 신성한 지능을 놓 쳤고, 그리하여 모든 사마리아를 모든 영광의 주님께로 돌려 보냈습니다.

여러 해 동안 사울은이 지능과 신성한 지혜를 알지 못했습니다.

다마스커스로가는 길에서 열쇠를 쥐고 계신 예수 그리스도를 만났습니다.

그 이후로 그의 사물을 보는 방식은 완전히 바뀌었고 그는 바울로 알려진 사람이되었습니다.

« 내가 어렸을 때 나는 어린 아이처럼 말했고 어린 아이처럼 생각했고 어린 아이처럼 생각했습니다. 남자가되었을 때 어린 아이였던 것을 사라지게 만들었습니다. »고린도 전서 13:13

주 예수님 없이는 영적으로 모든 일이 일어나기 때문에 우리는 영적으로 아이들 일뿐입니다.

« 진실로, 진실로, 나는 당신이 어렸을 때 자신을 띠고 원하는 곳으로 갈 것이라고 말합니다. 그러나 당신이 늙 으면 손을 뻗고 다른 사람이 당신을 띠고 데려다 줄 것입니다. 당신이 원하지 않는 곳. » 요한 복음 21:18

지혜가 도착하면 우리를 순종과 하나님에 대한 두려움으로 인도하고 심지어 가고 싶지 않은 곳으로 인도합니다.

우리의 지혜에는 예수라는 이름이 있습니다. 우리의 마음에는 예수라는 이름이 있습니다. 예수님과의 개인적인 만남의 학교는 독생자에 대한 믿음을 통한 하나님의 지혜와 예지의 학교입니다.

교차로에서의 문제는 관련 상황이 아니라 포지셔닝에 있습니다.

유다처럼 예수님 앞에 있으면 자살하고 베드로처럼 그분 뒤에 있으면 회개하고 영생의 참된 길을 다시 시작할 것입니다. 하나님의 말씀은 우리 발에 등불과 같기 때문입니다.

« 말씀은 내 발에 등불입니다. 그리고 내 길에 빛이. » 시편 119 : 105

나는 밤에 장거리 자전거를 타면서 아버지를 모방해야했고 자전거 램프 나 간단한 횃불의 가치를 알고 있습니다.

밤에 빛없이 달리는 것은 Thimée의 아들 Barthimée 학교에서 채택됩니다.

집에서도 빛이 없으면 모든 것이 거칠고 시큼하고 지루해지고 방문객처럼 더듬습니다!

우리의 빛은 하나님의 말씀 안에 있으며 다른 곳은 없습니다!

문 옆

우리는 과거에 모든 사람의 구주 이신 주님 이신 예수 그리스도의 문을 지나갔습니다. 그리고 그의 은혜는 우리를 그에게 이끌었습니다.

예수님없이 우리는 참문을 지나가고 있습니다. 요한 복음 10 : 1-21

이스라엘이 방문의 시간을 알았 더라면이 사람들이 오늘날까지 벌어지고있는이 모든 전쟁을 멈춘 지 오래되었을 것입니다.

노크하는 것도 좋지만, 사랑하는 사람 이여, 어떤 문을 두 드리십니까? 영원한 구속을 위해 들어가는 참된 문은 단 하나뿐입니다.

이 문은 예수 그리스도라고 불립니다.

이스라엘은 자신도 모르게 왕을 십자가에 못 박았 고 대신 도둑이자 살인자 인 바라바를 놓아 주겠다고 믿었습니다!

우리는이 유대인들처럼 우리 삶에서 몇 번이나 나쁜 선택을 했습니까?

우리는 잘못된 문을 두 드렸고 그것은 악마의 것이 었습니다.

« 그녀는 스스로 왔지만 가슴은 그녀를받지 못했습니다. 그러나 그것을받은 모든 사람에게

그분의 이름을 믿는 사람들에게 그녀는 하나님의 자녀가 될 수있는 힘을 주셨습니다.

그것은 피나 육체의 뜻이 아니라 사람의 뜻이 아니라 하나님으로부터 태어난 것입니다. » 요한 1 : 12-13.

이 길에서는 눈먼 사람도 길을 잃지 않을 것이기 때문에 모든 영광의 주님 께 눈을 돌릴 때입니다.

우리는 눈으로 걷는 것이 아니라 우리가 듣는 것과 하나님의 말씀에서 나오는 믿음으로 걷는다.

새로 태어나지 않으면이 영원한 문을 통해 들어갈 수 없습니다.

도시 입구에서

아브라함은 도시 입구에 앉았습니다. 그리고 그는 때가되면 하나님의 세 천사를 받았는데, 그중에는 하나님 자신이 포함되었습니다. 그리고 그것은 그에게 약속의 자녀를주었습니다.

올바른 사람 앞에서 올바른 위치에있는 방법은 무엇입니까?

이것은 오직 하나님과 독생자 예수님에 대한 우리의 믿음에 달려 있습니다!

하나님의 지혜는 성 안에있는 것이 아니라 성 밖에 있습니다.

당시 롯도 성 밖에 앉아 소돔과 고모라에 대한 하나님의 심판에서 그를 구해준 두 천사를 만나 환영했습니다.

그리고 두 천사는 롯과 그의 아내와 그의 두 딸에게 하나님의 형벌이 그곳에서 실행되기 전에 그 도시를 떠나도록 강요했습니다!

세상에는 현명하고 지적인 것은 없습니다.

관습이나 전통에 대해 현명한 것은 없습니다. 우리에게 필요한 진정한 지혜는 예수 그리스도 안에 있습니다.

사람이 지혜와 지능이라고 부르는 것은 그 자신이 마지막 사각형 앞에서 저항 할 수 없기 때문에 매우 제한적입니다.

주 예수님은 영광으로 예루살렘에 들어 갔지만 예루살렘 밖에서 죽으 셨습니다!

« 빌라 테가 십자가에 새긴 비문은 유대인의 왕 나사렛 예수였습니다.

많은 유대인들은 예수님이 십자가에 못 박히신 곳이 도시 근처에 있었기 때문에이 비문을 읽었습니다. 히브리어, 그리스어, 라틴어였습니다. » 요한 복음 19 : 19-20

우리는 예루살렘 밖에서 구원을 받았습니다. 하나님의 지혜는 사람의 지혜와 다릅니다.

우리는 인간의 체계를 떠나 하나님의 체계에 들어가야합니다.

« 현재 세기를 따르지 말고 마음이 새롭게 됨으로 변화를 받아 하나님의 뜻이 선하고 기쁘고 온전한 것을 분별하십시오. » 로마서 12 : 2

그리스도 예수에 대한 이러한 이해의 갱신 없이는 우리 모두 예외없이 잃어 버릴 것입니다.

우리를 제사장 왕국으로 만드신 예수님의 이름으로 하나님 께 영광을 돌립니다!

문 내부

우리는 하나님에 대한 지혜와 이해의 길이, 폭, 높이, 깊이를 이해하기 위해 경전을 검색해야합니다.

그들은 하나님을 두려워하는 성문에 숨겨져 묻혀 있습니다.

우리는 하나님의 지혜와 이해력으로 우리를 영광으로 인도하기 위해 문 안을 찾는 데 도움이 될 성령의 은사로부터 유익을 얻기 위해 주 예수 그리스도를 우리 삶의 주이자 개인의 구주로 영접해야합니다.

에티오피아에 누크의 역사는 예루살렘에 가거나 성경을 읽는 것만으로도 충분하지 않고, 그 이상으로 진정한 구원의 길을 보여줄 수있는 하나님의 사람을 만나야한다는 것을 보여줍니다.

« 이제 영생은 그들이 유일하신 참 하나님 이신 당신과 당신이 보내신 분 예수 그리스도를 아는 것입니다. » 요한 복음 17 : 3

영생은 하나님과 예수 그리스도, 특사에 대한 지식에 있습니다.

그리고 그것은 성령의 능력 없이는 불가능합니다.

이 세상 사람들의 눈에는 베일이 있습니다.

그들은 눈이 있고 보지 못합니다.

그들은 귀가 있고 듣지 못하거나 하나님의 구원의 계획을 이해하지 않고 듣습니다.

« 하지만 지혜는 어디에 있습니까? 지능의 집은 어디입니까? » 욥기 28:12

장소와 사람들은 신성한 지혜와 지능의 문을 모릅니다. 오직 하나님 만이 그 거처를 아십니다.

« 길을 아시는 분은 하나님 이시며 그 거처를 아시는 분 이시다. 그는 땅 끝까지보고 하늘 아래 모든 것을 본다. » 욥기 28:23

우리 하나님은 독수리보다 더 잘 보 십니다. 그는 모든 사람과 모든 것을보고 알고 있습니다. 그는 창조되지 않은 창조주이기 때문입니다.

« 그가 바람의 무게를 정하고 물의 양을 정할 때; 그는 비에 법을주고 번개와 천둥의 길을

만들었을 때 지혜를보고 그것을 드러내고 그 기초를 놓고 그것을 시험했습니다.

그러고 나서 그는 그 사람에게 말했습니다. “주님을 두려워하는 것은 지혜입니다. 악에서 멀어지는 것은 지능입니다. » 욥기 28 : 26-28

지혜는 좋은 일을 미리하는 것이고, 지능은 좋은 일을 이해하는 것입니다.

지능은 잠재력이나 적성의 저장고이지만 지혜는 행동의 분별력입니다.

한 학생이 수학에서 계산기를 사용하거나 사용하지 않고 잘 작동한다고 가정 해 보겠습니다. 우리는 그가 똑똑하다고 말할 것입니다.

그러나 계산기를 발명 한 사람은 먼저 허락을 구하지 않고 학생, 교사, 은행가 및 상인에게 고귀한 서비스를 제공했습니다.

후자는 지혜가 있습니다. 그는 다른 사람들의 필요를 듣고 이해했습니다!

모든 것은 다음과 같은 때에 시작되었습니다.

- 하나님은 바람의 무게를 조절하셨습니다.
- 그는 물의 양을 정했고,
- 그는 비와
- 그는 번개와 천둥의 길을 추적했습니다.

그때 야 그는 지혜를보고 그것을 나타내었고, 그 기초를 놓고 그것을 시험했습니다. 하나님 아버지 께서 우주를 창조하신 것과 조화를 이루는 것은 창조의 일이며 그분이 지혜와 지성의 합법적이고 배타적 인 대표자임을 충분히 보여줍니다.

예수님은 마리아와 마르다에게 자신이 부활이요 생명이라고 말씀하셨습니다.

그는 기원, 창조, 생명, 죽음, 부활, 영원의 법칙을 알고 있으며 그를 피할 수있는 것은 아무것도 없습니다.

그는 모든 것을, 모든 생명과 모든 영을 알고 있습니다.

그리고이 모든 것을 그는 그의 말씀의 능력으로 행했습니다!

지혜는 멀리서 사물을보고 조화를 이루는 것입니다.

바람의 무게를 조절하신 분은 하나님이었습니다. 우리는 신체의 무게를 조절하기위한 저울이 필요합니다. 그러나 바람의 무게는 우리에게 그것을 줄 수 있습니다.

바람의 무게를 계산하고 조정할 수있는 기계는 무엇입니까?

« 람이 원하는 곳에 불면 그 소리가 들립니다. 그러나 당신은 그것이 어디서 왔는지, 어디로 가는지 모릅니다. 따라서 그것은 성령으로 태어난 모든 사람에게 있습니다. » 요한 복음 3 : 8

니고데모는 이스라엘의 율 법학 박사 였고 이런 것들을 몰랐습니다!

그러나 여러분은 이러한 신성한 지혜와 이해의 계시를 이해하거나들을 수있는 은혜가 있습니다.

그는 천국의 신비를 이해하기 위해 밤에 집을 떠났습니다.

그러나 그에게는 운동이 너무 어려웠습니다.

율법과 하나님의 약속과 축복에 속한 유대인의 교사가 그날 밤 천국의 신비를 이해할 수 없었다면, 당신과 내가 얼마나 더 땅의 나라와 같이 신성한 지혜와 지능의 신비를 이해할 수 없습니까?

공압 시스템의 기압을 잘 조절할 수있는 압력계라는 장치가 있습니다. 그러나 이것은 호스를 사용해야 만 가능합니다. 그리고 우리 하나님은 파이프 나 압력계없이 바람의 무게를 조절하셨습니다.

달에는 공기가 없으며 거기에 놓인 미국 국기가 움직이지 않는다는 것을 알고 계셨습니까!

인간, 동물, 식물이 살 수있는 유일한 행성은 전 우주의이 지구입니다.

그들은 달에 갔고 곧 지구로 돌아 가야한다는 것을 깨달았습니다.

달이 더 나은 생활 조건을 가지고 있었다면 우리 형제 자매들이 아프리카를 떠나 유럽, 미국 및 캐나다로 도망 갈 때 그곳에 머물러야합니다.

어떤 사람들은 날씨가 좋기 때문에 집에 오지 않습니다. 여기서 우리는 실업자에게도

급여를주는 것 같지만 여기서 우리와 함께 일하는 사람은 제대로 급여를받지 못합니다!

물의 양을 정하신 분은 하나님 이셨습니다! 이를 위해 물의 양을 고정하는 유량계와 함께 용기, 파이프 및 펌프가 필요하지만, 그는 지혜와 신성한 지능으로이 모든 것을 그분의 말씀의 능력으로 고정했습니다.

비와 계절에 법을 준 것은 다시 그 사람이었습니다. 그리고 모든 것은 그의 말씀의 능력으로.

그는 어떤 종류의 드로잉 도구로 내가 모르는 하늘에서 번개와 천둥의 길을 닦았습니다.

나는 젊었을 때 산업 그림을 그리는 은혜를 받았으며 좋은 그림을 만들기 위해서는 판금,

나침반, 연필, 지우개 및 적절한 테이블이있는 시트가 필요합니다.

그러나 나의 하나님은 그분의 말씀의 능력으로 하늘에서 번개와 천둥의 길을 만드셨습니다.

그와 같은 사람은 누구입니까?

그의 선의의 법에 따라 그의 지성과 지혜로 우리에게 영원한 구속을 허락하기 위해 우리에게 예수님을 주겠다고 결심 한 사람은 바로 그분입니다!

지혜로운 사람의 귀를 부른다

신성한 지혜와 그의 끝없는 지성은 기록 된대로 현자들의 귀에 외칩니다.

« 오늘도 그의 음성을 들으면 반란 때처럼 마음을 굳게하지 마십시오. » 히브리서 3:15

믿음은 하나님의 말씀을들을 때옵니다.

« 우리에게 발표 된 내용을 누가 믿었습니까? 누가 주님의 팔을 인정 했습니까? » 입니다. 53 : 1

하나님의 역사는 나타나지만 사람은 하나님의 덕과의에 무감각 해졌습니다!

신성한 것은 강요 할 것이 아닙니다. 우리만이 다른 사람들을 멸망에 빠지게해서는 안됩니다.

« 예수님의 소식을 듣고 뒤에서 군중 속으로 들어와 그의 옷을 만졌습니다. » 막 5:27

12 년 동안 피의 흐름에 시달린이 여인을 예수님께로 데려온 것은 다른 사람들의 간증이었습니다.

우리는 주 예수 께서 우리와 다른 사람들의 삶에서 행하신 일에 대한 증인입니다.

우리는 다른 사람들이 생수의 샘에서 무료로 물을 마시 러 오는 것을 박탈 할 권리가 없습니다.

사마리아 여인은이 경험을 혼자만 간직하지 않았습니다.

그녀는 달려가 마을 사람들에게 가서 주 예수님과의 만남에서 어떤 일이 일어 났으며 다른 사람들도 그것을 경험해야한다고 말했습니다.

성 밖에있는 나병 환자들은 하나님의 강력한 손길을보고 그것을 모르는 사람들에게이 좋은 소식을 전하기 위해 왔습니다.

당신이 살고있는 가족, 이웃, 사회를 위해 당신의 삶에서 신성한 방문으로 무엇을 했습니까?

« 가서 모든 나라의 제자를 삼고 아버지와 아들과 성신의 이름으로 침례를주고 내가 여러분에게 명령 한 것을 지키도록 가르치십시오. 그리고 보라, 나는 세상이 끝날 때까지 매일 당신과 함께 할 것입니다. » 마태복음 28 : 19-20

« 이 왕국의 좋은 소식은 모든 나라의 증인이되기 위해 전 세계에 전파 될 것입니다. 그러면 끝이 올 것입니다. » 마태 복음 24:14

우리는 주님의 휴거를 위해 오시는 것을 늦추고 있습니다. 왜냐하면 그분의 영광스러운 구름으로 돌아 오시기 전에 그분의 신부 인 그리스도의 교회 몸을 취하기 위해해야 할 일이 있기 때문입니다.

이 사물의 제도의 종말의 마지막 징조는 민족 복음화입니다.

하나님은 우리가 사벽 밖에 교회를 갖기를 원하십니다. 수확량이 많고 일꾼이 적기 때문에 우리는 주님의 수확자가되어야합니다.

주 예수님의 증인이되기위한 특별한 훈련은 없습니다. 당신의 삶이나 다른 사람들의 삶에서 그가 한 일에 대해 다른 사람들에게 말하면됩니다.

이 세상의 정의에서도 정의를 방해하려는 증인은 거짓 증언으로 기소 될 수 있습니다.

우리는 여러분의 개인적인 삶과 다른 사람들의 삶에서 일어난 것처럼 하나님의 일을 말씀해 주시기를 요청합니다.

세상의 끝은 하나님의 신성한 실재이기 때문에 다른 사람을 어둠 속에 두지 마십시오.

마지막 심판은 신성한 증거이며 둘째 사망도 관련 현실입니다.

나만의 하인은이 수치스럽고 혐오스러운 질병인 나병을 앓고있는 주인의 집에 머물 수 없었습니다.

그녀는 용기를내어 주인의 아내에게 좋은 소식을 전했습니다.

형제 님과 누이 여러분에게 좋은 소식이 있습니다. 예수님이 곧 오실 것입니다.

오늘 그의 말씀을 듣더라도 마음을 굳 히지 마십시오. 그는 당신을 죄에서 구속하고 당신에게 영생을주기 위해 갈보리의 십자가에서 당신을 위해 죽으 셨습니다!

아직 주님을 알지 못하는 가족들에게 불을 피우지 말고 그들에게 가서 여러분도 주님과 같았 기 때문에 하나님의 지혜와 이해 속에 숨겨진 좋은 것들을 그들에게 전하십시오. '하나 둘.

결론

« 사람이 한 번 죽는 것이 정해져있는대로, 그 후에 심판이 온다 … » 히브리서 9:27

참 지혜, 참지 성은 하나님을 두려워하고 악에서 돌이키는 것입니다. 우리는 하나님을 알고, 그에게 속하며, 불순종하고 두려움없이 그를 섬긴다 고 주장 할 수 없습니다.

무정부 상태입니다!

지혜는 삶의 매일 주 예수님을 따르는 것입니다. 지혜롭고 지적인 하나님의 자녀는 영혼 구원에 관여합니다.

그는 하나님의 말씀에 충실하고 하나님의 말씀을 묵상하는 데 많은 시간을 보냅니다.

그는 다른 사람들이 멸망 속에 사는 동안 입을 닫지 않습니다. 요나를 기억하십시오. 그는 침묵을 지키고 배에있는 모든 사람을 폭로했습니다.

그는 하나님의 면전에서 멀리 도망가는 것을 선호했고, 다시 쉬의 무고한 인신 매매자들에게 심각한 문제를 일으켰습니다.

이 가난한 여행자들은 난파선의 실제 원인을 모르고 죽어야합니다!

하나님의 사람, 불충실하고 반역적인 하나님의 종은 그가 살고있는 가족이나 사회에서 무고한 여러 사람을 죽일 수 있습니다.

아마도 당신은 당신의 가족이나 당신이 살고있는 사회를 침몰시키는 먼 또는 가까운 원인 일 것입니다.

두려움과 악에서 벗어나 하나님을 섬기기로 현명한 결정을 내린 때입니다.

이것이 하나님의 지혜와 이해심에 경의를 표하는 가장 좋은 방법이 될 것입니다.

지능은 율법과 사람을 의미하지만 지혜는 하나님 자신에게 달려 있습니다.

이삭의 아내 인 레베카가 임신했을 때 그녀 안에 움직임이있었습니다. 2 명의 태아는 어머니의 자궁에서 싸웠습니다. 그녀는 남성의 지능에 따라 의사 나 조산사에게 잘 갈 수 있습니다.

그러나이 교차로 전에 그녀는 신성한 지혜를 찾으러갔습니다. 그리고 하나님은 그녀가 그녀의 태에 두 나라를 가졌고 더 작은 나라가 더 큰 나라를 이길 것이라고 그녀에게 계시하셨습니다.

나사로의 무덤에서 율법과 사람의 율법에 대한 이해에 따르면 이미 악취가 나고 예수님은 늦게 오셨습니다. 그러나 신성한 지혜에 따르면 나사로는 자고있었습니다.

우리는 또한 율법과 인간에 대한 이해가 죽은 자들에게 말하는 것을 금한다는 사실을 덧붙여야합니다. 그러나 주님은 신의 지혜로 잠자는 나사로에게 자신을 말씀 하시고 붕대를 감고 몸의 일부가 이미 썩어 있었음에도 불구하고 나오라고 명하셨습니다.

베데스다 풀에서 38 년 동안 병든 한 남자가 안식일에 일어나서 걸을 수있는 은총과 신성한 방문을 받았습니다.

율법과 사람의 지성에 따르면 안식일에는 기적을 행할 수 없지만 하나님의 지혜 이신 예수님이 나타나 명령을 내리고 중풍 병자가 일어나 그 안식일에 잠자리에 들었습니다. !

하나님의 지혜는 우리를 초자연적 인 곳으로 인도합니다. 사물에서 눈은 보지 못하고 귀는 듣지 못합니다. 사람의 마음에 오지 않았고 하나님이 그를 사랑하는 사람들을 위해 예비하신 것.

우리는 하나님의 방문 전에 침묵 할 수 없습니다. 우리는 다른 사람들에게 손을 내밀고 그들이 주님의 추수에 우리와 함께하도록 초대해야합니다.

주님의 말씀

저자

저자

Sylvanus Mulowayi Wa Kayumba, 독일 공대에서 유체 역학 학위를 취득했습니다. 그리고 그는 2 개의 신학 학위를 가지고 있는데, 하나는 프랑스어로, 다른 하나는 영어로되어 있습니다.

그는 여러 언어를 구사하며 정부의 허가를 받았습니다. 그는 고문, 목사, 하나님 말씀의 설교자입니다.

그는 또한 약자를 존중하는 법을 배웠습니다.

1995 년대 영국 컬트 오브 루 붐바시 공동 창립자, MIREGNA 공동 창립자, 뉴 얼라이언스 글로벌 네트워크 부, 킨 샤사시에서 기독교 프로그램 'Only Jesus'의 발표자, 많은 시간을

보냅니다. 사회 생활, 신성과 상상에 대해 글을 쓰십시오.

그의 열정은 고귀한 아이디어, 잘한 일, 아름다운 것에 대한 사랑입니다. 그는 평생의 거의 절반을 병자와 죄수들을 방문하는 데 바쳤다.

한 가지 사실은 모든 사람이 사랑하고 감사하고 생각할 권리가 있다는 것입니다.

그녀의 꿈은 사랑과 용서로 가득 찬이 세상을 보는 것과 같은 꿈을 위해 한 침대와 한 장 아래에 바람과 폭풍을 모으는 것입니다.

저자

Sylvanus Mulowayi Wa Kayumba
You Tube : Dasylvah Only Jesus
전화 : +243822115265/850791792
Kinshasa/RDC

목차

Printed by Books on Demand GmbH, Norderstedt / Germany